Lars Mortimers

Tar Time Out

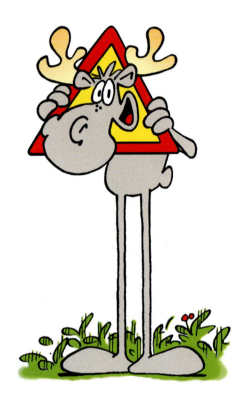

Tecknade serier: Lars Mortimer
Redaktion: Susanne Viborg,
Maria Törner-Mason och Måns Gahrton
Formgivning: Susanne Viborg, Enstil Design
Omslagsfoto: Jens Sarlin/UTE
Foto: Lars Sjöqvist och Jens Sarlin/UTE

HÄLGE Tar Time Out
är utgiven av Bokförlaget Semic, Sundbyberg
www.semic.se
© 2003 Lars Mortimer/Distr. Hälge The Mooseland Company
www.halge.com
Tryckt i Slovenien 2003
ISBN 91-552-3137-3

Kapitel 1

Jaktstart
eller

Spring för livet!

Det är bättre med en älg i skogen, än att ha hjort i byxan.

– Du måste verkligen ha varit trött när du slängde ut katten i går kväll.
– Varför då?
– Katten har varit inne hela natten men din pälsmössa ligger på trappan.

– Är den här insektssprayen bra för mygg?
– Nej, tvärtom, den dödar dem.

– När är det farligt att vara i trädgården?
– När bärbuskarna skjuter skott.

– Kan jag få en hund till jul, pappa?
– Nej, vi ska ha skinka som vanligt.

Kom med i skytteföreningen och träffa nya vänner!

Det hade kommit en ny doktor till bygden, och när det visade sig att han var jaktintresserad blev han naturligtvis medbjuden på älgjakt. När en medlem av jaktlaget gjorde sig ett ärende till affären, blev han tillfrågad hur det gick med den nya doktorn.

– Jo då, bara bra, svarade mannen. I dag fick han en älg och fyra nya patienter.

– Är det sant att du är modigast i skogen?
– Jag är rädd för det.

Huggormsbarnet till sin mor:

– Mamma, är vi giftiga?
– Ja, varför frågar du?
– Jag bet mig just i tungan...

– Vilka är det mest synd om i skogen?
– Myrstackarna.

– Hur många sidor har ett hus?
– Två, insidan och utsidan.

– Vad är höjden av slöseri?
– Att fotografera en zebra med färgfilm.

– Vilken uppfinning tillåter dig att se genom väggar?
– Fönstret.

– Hur kan du äta ett ägg utan att skala det?
– Be någon annan göra det.

– Var kan du alltid hitta glädje, rikedom och välfärd?
– I ordboken.

– Vad kallar du en brottsling med bomull i öronen?
– Vad du vill. Han hör dig inte.

– Varför är det så svårt att hitta i en lövskog?
– Man ser inte ett barr och har inte en kotte att fråga.

Som man frågar får man svar...

– Varför klär vi flickbebisar i rosa och pojkbebisar i blått?
– För att dom inte kan klä på sig själva.

– Är det bra att skriva på fastande mage?
– Nej, det är nog bäst att skriva på papper.

– Varför sparkade ni muraren?
– Vi hade inget bruk för honom.

– Vad är gammalt, grått, rynkigt och tillhör farfar?
– Farmor.

– Vad sade den ena väggen till den andra?
– Jag möter dig vid hörnet.

Vad kallar man grävlingar i Norrland?

Grytlappar.

Hm, hur var det nu den gick ...

Man ska anpassa farten
efter hastigheten.

Förste man till kranen blir först våt.

Ingen rök utan brödrost.

Man saknar inte skidorna
förrän man står på toppen.

En naken man räds inga ficktjuvar.

Man ska inte kasta pil i gummibåt.

En fjäder kan lätt bli till fem hönor.

Man ska inte bränna sig i ändan
med båda ljusen.

Man skall inte kasta ägg i hönshus.

Gråt inte över spillolja.

Kapitel 2

Väntans tider

eller

Den som väntar på något grått ...

Tio tecken på att du har gått till en DÅLIG veterinär!

1. När du räcker honom din katt frågar han med tvekande röst: – Apa?
2. Två veckor efter veterinärbesöket hostar din hund upp en gummihandske.
3. Han har en stor skylt i väntrummet: »Inga husdjur tillåtna!«
4. Diplomen på väggarna liknar mer matsedlarna på en kinesisk restaurang.
5. Han säger hela tiden: – Jag har en fästing i byxorna.
6. Han skickar ett kort varje vår: »Dags för din hunds årliga kastrering.«
7. Första frågan han ställer är: – Vad felas din ohyra?
8. Han har en massa planscher som gör reklam för tuppfäktningar.
9. Han bär själv ett av de där strutformade hundhalsbanden.
10. Han bits!

– Det sägs att myggor bara gillar människor med en speciell blodgrupp.
– Men hur hittar myggan just dom?
– Han tar stickprov!

– Är du snäll mot djur?
– Javisst, varje gång jag ser en mygga klappar jag den på ryggen!

– Vad sa myggan när den gick hemifrån?
– Hej då, jag måste sticka!

Kapitel 3

Hur gör djur?
eller

Hämnden från vildmarken!

– Är det sant att det bor människor på månen?
– Tja, det lyser i alla fall däruppe.

– Jag måste ha fått väldigt starka sömntabletter. När jag hade dom i fickan somnade mitt ena ben ...

Lille Lennart hade varit så busig i skolan att fröken hade varit tvungen att tillrättavisa honom ordentligt.
Lennart sitter tyst en stund, så säger han:
– Hemma har vi en ko med samma namn som fröken och hon är folkilsken hon också!

– Regnar det ute?
– Har du någon gång varit med om att det regnar inne?

– Vet du vad Monica sa när jag friade till henne?
– Nej.
– Hur kan du veta det?

Husmors klagan:
– Här går man och städar, skurar och tvättar. Och till sist så stryker man väl med!

– Nå, lille Knut, vad vet du om hästmyran?
– Det ... är en stor myra ... men inte riktigt lika stor som en häst!

– Vilken båge kan man inte skjuta med?
– Regnbågen.

Kapitel 4

Vilket hundliv
eller

Människans enda vän!

Regler för hunden

1. Hunden får inte vara inne i huset.
2. Okej, hunden får vara inne i huset, men bara i vissa rum.
3. Hunden får vara i alla rum, men får inte hoppa upp på möblerna.
4. Hunden får bara hoppa upp på de äldsta möblerna.
5. Okej, hunden får hoppa upp på alla möbler, men får inte sova med husse och matte i sängen.
6. Hunden får sova på sängen, men bara om han får lov av husse och matte.
7. Hunden får sova på sängen, men inte under lakanen.
8. Hunden får sova under lakanen, men bara om han får lov av husse och matte.
9. Hunden får sova under lakanen varenda natt.
10. Husse och matte måste be om lov för att få sova under lakanen med hunden.

– Min hund har ingen nos.
– Men hur luktar den då?
– Alldeles förfärligt!

– Vad heter din hund?
– Jag vet inte, den kan inte prata.

– Vill du hälsa på min nya hund?
– Den bits väl inte?
– Det är det jag vill ta reda på ...

Likheter mellan män och hundar...

- Ingen utav dem gillar dammsugaren.
- Båda tar upp för mycket plats i sängen.
- Båda känner sig hotade av sitt eget slag.
- Båda markerar sitt område.
- Båda är dåliga på att ställa frågor.
- Ingen utav dem berättar vad det är som bekymrar dem.
- Båda luktar värre med åldern.
- De små verkar mer nervösa.
- Ingen utav dem diskar.
- Båda fiser utan skam.
- Ingen utav dem märker när du klipper dig.
- Ingen utav dem vet hur man talar i telefonen.
- Båda två är väldigt misstänksamma mot brevbäraren.

Kapitel 5

Hemmets härd ...
eller

Älskling, du är som en ros ...

– Är det någon som har blivit bra gift i er familj?
– Ja, min man!

– Jag visste inte vad riktig lycka var förrän jag gifte mig. Då var det för sent …

– Jag träffade henne i går, hon var underbar!
– Friade du?
– Naturligtvis, och jag sade att jag kunde gå till världens ände för henne.
– Vad svarade hon?
– Hon tyckte att jag kunde starta genast.

Efter ett bråk sade en fru till sin man:
– Jag var en idiot när jag gifte mig med dig!
– Jag vet, älskling, men jag var kär och märkte inget.

Mannen till hustrun, sedan de upptäckt att dottern rymt hemifrån under natten med en pojke:
– Ja du frugan, vi har visserligen förlorat vår dotter, men vi fick en jäkla fin stege!

– Do you löv me?
– Näver!

På en fest sade en kvinna till en annan:
– Har inte du ringen på fel finger?
– Jo, jag har gift mig med fel man.

På utsiktsberget:
– Älskling, se så vackert det är nere i dalen!
– Ja, jag förstår inte varför du skulle släpa upp mig hit!

Kapitel 6

Macho man
eller

Karl för sin hatt

En helt vanlig jaktdag

01:00	Väckarklockan ringer.
02:00	Jägarkompisen kommer och rycker dig ur sängen.
02:30	Åker mot de djupa skogarna.
03:00	Återvänder hem och hämtar geväret.
03:30	Kör som tusan för att hinna till skogen innan dagsljuset kommer.
04:00	Iordningställer lägret, upptäcker att tältet ligger kvar hemma.
04:30	Sätter av inåt skogen.
05:00	Väntar.
10:05	Ser en älg.
10:06	Siktar och trycker sakta av.
10:07	Klick!
10:08	Laddar geväret samt ser älgen försvinna in i skogen.
10:09	Går tillbaka till lägret.
11:00	Letar fortfarande efter lägret.
12:00	Inser att du inte har en aning om var lägret är.
12:05	Fyrar av geväret för att få hjälp, äter vilda bär.
15:00	Hittar lägret, ser en älg inom skotthåll från lägret.
15:01	Laddar geväret.
15:02	Avfyrar geväret.
15:03	Missar älgen, träffar pick-upen.
16:05	Jägarkompisen återvänder till lägret, drar en älg efter sig.
16:06	Kämpar mot en stark vilja att skjuta jägarkompisen.
16:15	Tar pick-upen, lämnar jägarkompisen och hans älg i skogen.
16:25	Pick-upen kokar, skjuter hål i motorblocket.
16:26	Börjar gå.
16:30	Snavar på en rot, trillar omkull och tappar geväret i leran.
16:35	Möter en björn.
16:36	Siktar.
16:37	Avfyrar geväret, spränger upp pipan, igenmurad med lera.
16:38	Gör i byxorna!
16:39	Klättrar upp i ett träd.
19:00	Björnen går sin väg.
24:00	Äntligen hemma.

Dagen efter...

Du ser en gammal såpopera medan du sakta river jaktlicensen i små bitar, placerar dem i ett kuvert och skickar det till **Svenska Jägarförbundets** ordförande med exakta instruktioner om var han kan stoppa dem ...

Kapitel 7

Horn i sikte!
eller

Det är hornen som är huvudsaken ...

En fiskare kom hem och sa:
– Idag fick jag nästan upp en fisk på 6.5 kg!
– Men om du inte fick upp den, hur vet du då vad den vägde?
– Det kom en våg!

Det var en gång en älg som stod och tvättade sig och då kom det en annan älg och sa:
– Varför tvättar du dig?
Då sa den andre älgen:
– Jag måste bli ren, det är ju älgjakt nu!

En man var hos doktorn:
– Tror doktorn att jag kan spela fiol när min arm har läkt?
– Ja, det kan du nog.
– Vad bra, det kunde jag inte innan!

Varför skall du inte spela kort med en älg?
– Dom äter upp alla klöver.

– Vad heter tallrik i pluralis?
– Skärvor!

– Hur mycket gav du Svensson för att han skulle fixa till din trädgård?
– Han fick en rejäl hacka ...

– Har du blivit av med oljudet i din bil?
– Javisst, skilsmässan blev klar förra torsdagen.

Frun ringer maken på jobbet:
– Älskling! Jag har vunnit tre miljoner på Lotto! Skynda dig hem och packa!
– Vad kul! Vad ska jag packa? Sommar- eller vinterkläder?
– Jag skiter i vilket, du ska vara ur huset före klockan tre!

Polisen:
– Kan jag få se ert körkort?
– Nej, nu får det vara nog. Ni tog ju mitt körkort förra veckan. Hur många körkort tror ni att jag har?

– Tänk, Åke säger att han ska gifta sig med stans vackraste flicka.
– Som han pratar. Han känner mig ju inte ens.

– Mamma, är det sant att det finns kannibaler i Dalarna?
– Nej Kalle, var har du fått det ifrån?
– Fröken i skolan sa att en del människor i Dalarna lever på turister.

– Så doktorn anser inte att jag behöver ligga till sängs några dagar då?
– Nej, men en och annan natt skulle inte skada.

Kapitel 8

Slut i rutan
eller

Nära skjuter ingen älg!